AF221650

Impressum
Verlag: BABADADA GmbH, Nedderfeld 112 , 22529 Hamburg
Geschäftsführer / Verlagsleitung: Harald Hof
Druck: Books on Demand GmbH, In de Tarpen 42, 22848 Norderstedt

Imprint
Publisher: BABADADA GmbH, Nedderfeld 112 , 22529 Hamburg, Germany
Managing Director / Publishing direction: Harald Hof
Print: Books on Demand GmbH, In de Tarpen 42, 22848 Norderstedt

1

σχολείο
duɗal

σχολική τάξη
jangirdu
διαιρώ
feccu
186/2
πίνακας
alluwal
σχολική αυλή
dingiral duɗal
δάσκαλος
ceerno
χαρτί
kaayit
γράφω
windu
στυλό
bindirgal
γραφείο
biro
χάρακας
pondirgal
βιβλίο
deftere
μαθητής
almuudo

σχολική τσάντα

sakosel

κασετίνα/ μολυβοθήκη

suudu kuɗol

μολύβι

kuɗol

ξύστρα

ceeɓnoowo kuɗol

γόμα

momtirgal

μπλοκ ζωγραφικής

nokku diidirɗo

ζωγραφική

diidgol

πινέλο

diidirgal

κουτί χρωμάτων

suudu diidordu

ψαλίδι

sisooje

κόλλα

kol

τετράδιο ασκήσεων

deftere softinorde

εργασία για το σπίτι

coftinogol

αριθμός

tongoode

προσθέτω

ɓeydu

αφαιρώ

ustu

πολλαπλασιάζω

hebbin

υπολογίζω

lim

γράμμα

ɓataake

αλφάβητο

hijju

λέξη

kongol

κείμενο

windande

διαβάζω

jangu

κιμωλία

bindirgal

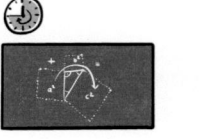

μάθημα

darsu

εγγράφομαι

windaade

τεστ

ÿeewtogol

πιστοποιητικό

ijaazi

μαθητική στολή

wutte jaŋirɗo

εκπαίδευση

jaŋde

εγκυκλοπαίδεια

ɗowitorde mawnde

πανεπιστήμιο

jaaɓi haatirde

μικροσκόπιο

mokoroskop

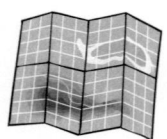

χάρτης

wertaango

καλάθι αχρήστων

siwo mbalis

ταξίδι
ɗannaade

ξενοδοχείο
otel
Grand
ξενώνας
hoɗirdu
ROOMS
ανταλλακτήρια συναλλάγματος
nokku beccirɗo
βαλίτσα
woliis
αυτοκίνητο
oto

γλώσσα

ɗemngal

ναι / όχι

ey / ala

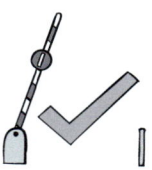

εντάξει

Eyyo

γεια σου

mbaɗɗa

μεταφραστής

pirtoowo

Ευχαριστώ

jaraama

πόσο κάνει ;

hono foti...?

Δε καταλαβαίνω

mi faamaani

πρόβλημα

satteende

Καλησπέρα!

jam hiiri

Καλημέρα!

jam waali

Καληνύχτα!

jam waal

Αντίο

baay baay

κατεύθυνση

ngardiindi

αποσκευές

kaake

τσάντα

saak

σακίδιο πλάτης

saak bakke

καλεσμένος

koɗo

δωμάτιο

suudu

υπνόσακος

saak ɗaanorɗo

σκηνή

taanta

τουριστικές πληροφορίες

kabaaru jillotooɗo

παραλία

palaaz

πιστωτική κάρτα

kartal keredii

πρωινό

kasitaari

μεσημεριανό

bottaari

δείπνο

hiraande

εισιτήριο

tikkett

ανελκυστήρας

suutde

γραμματόσημο

tembere

σύνορα

keerol

τελωνείο

soodooɓe

πρεσβεία

ambasaat

βίζα

wiisa

διαβατήριο

paaspoor

μεταφορά

yangarta

αεροπλάνο
ndiwooka
πλοίο
batoo
πυροσβεστικό όχημα
motoor jeyngol
λεωφορείο
biis
φορτηγό
kamiyooŋ
ηχανοκίνητο σκάφος
ana motoor
ποδήλατο
welo
αυτοκίνητο
oto

φεριμπότ

baak

βάρκα

laana

μοτοσικλέτα

welo motoor

περιπολικό

oto poliis

αγωνιστικό αυτοκίνητο

oto dandu

ενοικιαζόμενο αυτοκίνητο

otoluwaaɗo

διαμοιρασμός αυτοκινήτων	γερανός	απορριμματοφόρο
rendude oto	leŋge	kamiyooŋ salo

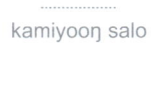

κινητήρας	καύσιμο	βενζινάδικο
moto	gaas	esaaseer

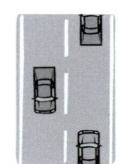
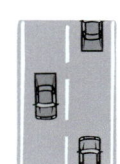

πινακίδα σήμανσης	κυκλοφορία	κυκλοφοριακή συμφόρηση
maantorde tali	tali	ɓittugol tali

χώρος στάθμευσης	σιδηροδρομικός σταθμός	σιδηροδρομικές γραμμές
darnirde oto	dartorde teree	laabi

τρένο	τραμ	βαγόνι
teree	taraam	nawgol

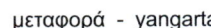

ελικόπτερο

elikooteer

αεροδρόμιο

aydapoor

πύργος

huɓeere

επιβάτης

jahoowo

εμπορευματοκιβώτιο

kontaneer

χαρτοκιβώτιο

kees

καρότσι

saret

καλάθι

siwo

απογειώνομαι / προσγειόνομαι

diw / tello

πόλη

wuro

χωριό

saare

κέντρο της πόλης

hakkunde wuro

σπίτι

galle

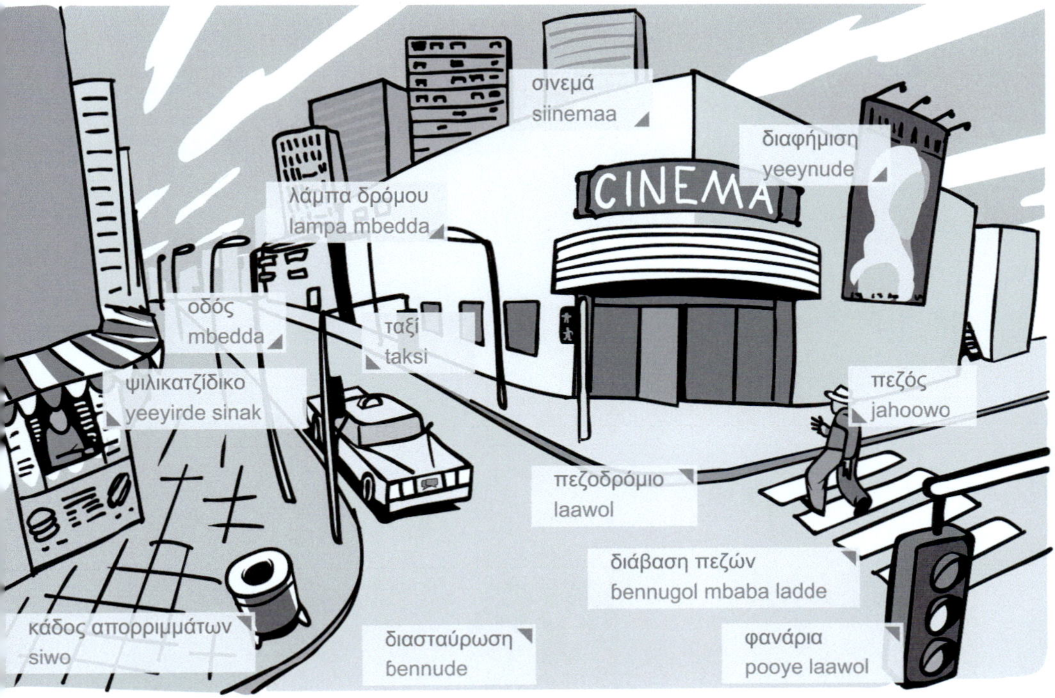

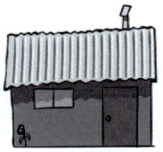

σινεμά
siinemaa
CINEMA
διαφήμιση
yeeynude
λάμπα δρόμου
lampa mbedda
οδός
mbedda
ταξί
taksi
ψιλικατζίδικο
yeeyirde sinak
πεζός
jahoowo
πεζοδρόμιο
laawol
διάβαση πεζών
ɓennugol mbaba ladde
κάδος απορριμμάτων
siwo
διασταύρωση
ɓennude
φανάρια
pooye laawol

καλύβα

tiba

διαμέρισμα

hoɗorde

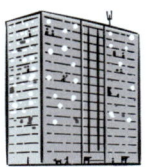

σιδηροδρομικός σταθμός

dartorde teree

δημαρχείο

meeri

MUSEUM

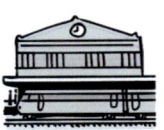

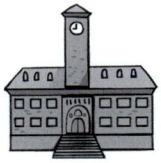

μουσείο

miise

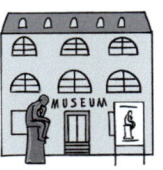

σχολείο

duɗal

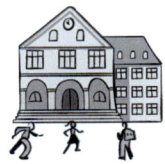

πανεπιστήμιο

jaaɓi haatirde

τράπεζα

baŋke

νοσοκομείο

safrirdu

ξενοδοχείο

otel

φαρμακείο

farmasii

γραφείο

gollorde

βιβλιοπωλείο

yeeyirde defte

κατάστημα

yeeyirde

ανθοπωλείο

mo nehoowo leɗɗe

σούπερ μάρκετ

duggere

αγορά

jeere

πολυκατάστημα

yeeyirde diiwaan

ιχθυοπωλείο

mo gawoowo

εμπορικό κέντρο

nokku njeeygu

λιμάνι

telloorde

πάρκο

parka

παγκάκι

jooɗorde

γέφυρα

pooŋ

σκάλες

ŋabbirɗe

μετρό

les leydi

τούνελ

laawol les

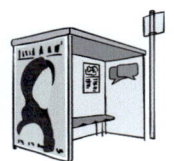

στάση λεωφορείου

dartorde biis

μπαρ

baar

εστιατόριο

restoraaŋ

γραμματοκιβώτιο

suudu posto

πινακίδα δρόμου

maantorde mbedda

παρκόμετρο

meetorde parka

ζωολογικός κήπος

nehirde kulle

πισίνα

pisiin

τζαμί

jumaa

αγρόκτημα

ngesa

ρύπανση

bonande

νεκροταφείο

genaale

εκκλησία

ekiliis

παιδική χαρά

dingiral

ναός

tempele

τοπίο
satto

φύλλο
ɗerewol

πινακίδα κατεύθυνσης
maantogal

δρόμος
laawol

λιβάδι
paraad

πέτρα
haayre

πεζοπόρος
diwoowo

δέντρο
lekki

ποτάμι
caangol

χορτάρι
huɗo

λουλούδι
baramlefol

14

κοιλάδα

fongo

λόφος

tiwaande

λίμνη

weendu

δάσος

dundu

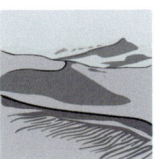

έρημος

ladde

ηφαίστειο

wolkaaŋ

κάστρο

hoɗorde

ουράνιο τόξο

timtimol

μανιτάρι

wiiduru gaynaako

φοίνικας

lekki koko

κουνούπι

ɓongu

μύγα

diw

μυρμήγκι

ñuuñu

μέλισσα

ñaaku

αράχνη

njabala

σκαθάρι

karaab

βάτραχος

paaɓa

σκίουρος

jiire

σκαντζόχοιρος

nguru paaɓa

λαγός

wojere

κουκουβάγια

hooweere

πουλί

ndiwri

κύκνος

kankaleewal

αγριογούρουνο

fowru

ελάφι

lella

άλκη

kooba

φράγμα

baaraas

ανεμογεννήτρια

seɗa hendu

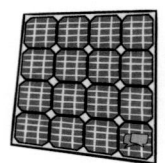

ηλιακός συλλέκτης

mbeɗu naange

κλίμα

kilimaaŋ

16

τοπίο - satto

εστιατόριο

restoraaŋ

σερβιτόρος
carwoowo
κατάλογος
ndefu
καρέκλα
jooɗorde
σούπα
suppu
πίτσα
pissaa
μαχαιροπίρουνα
wutayel
τραπεζομάντιλο
nappu

ορεκτικό

puɗɗorɗo

κύριο πιάτο

barme mawɗo

επιδόρπιο

deseer

ποτά

njarameeje

φαγητό

ñamri

μπουκάλι

bitel

φαστ φουντ

fastfuut

φαγητό στ' όρθιο

ñaamde mbedda

τσαγιέρα

pot ataaya

δοχείο ζάχαρης

taasa suukara

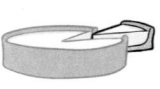

μερίδα

geɗal

μηχανή εσπρέσο

masiŋ esperesoo

ψηλή καρέκλα

jooɗorde toownde

λογαριασμός

faktiir

δίσκος

terey

μαχαίρι

paaka

πιρούνι

fursett

κουτάλι

kuddu

κουταλάκι του τσαγιού

kuddu ataaya

πετσέτα φαγητού

torsooŋ

ποτήρι

weer

πιάτο

palaat

πιάτο σούπας

palaat suppu

πιατάκι φλιτζανιού

coosoowo

σάλτσα

soos

αλατιέρα

pot lamɗam

μύλος για πιπέρι

poobaar

ξύδι

wineegar

λάδι

diwliin

μπαχαρικά

kaaniije

κέτσαπ

ketsoop

μουστάρδα

mutaarde

μαγιονέζα

maynees

σούπερ μάρκετ

duggere

προσφορά
dokkal teentungal
πελάτης
coodoowo
γαλακτοκομικά προϊόντα
deftel
φρούτα
ɓingel leggal
καρότσι για ψώνια
saret

κρεοπωλείο

mo jeeyoowo teewu

φούρνος

mo piyoowo mburu

ζυγίζω

ɓett

λαχανικά

ɓiɓe leɗɗe

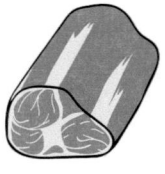

κρέας

teewu

κατεψυγμένα τρόφιμα

ñamri fendiindi

αλλαντικά

teewu ɓuuɓngu

κονσερβοποιημένη τροφή

ñamri

απορρυπαντικό ρούχων

omo

γλυκά

tangaleeji

οικιακά είδη

geɗe galle

καθαριστικά προϊόντα

geɗe labbinooje

πωλήτρια

jeeyoowo

ταμείο

hippoode

ταμίας

ngaluyanke

λίστα για ψώνια

limo soodetee

ωράριο λειτουργίας

waktuuji gudditeeɗi

πορτοφόλι

kalbe

πιστωτική κάρτα

kartal keredii

τσάντα

saak

πλαστική σακούλα

saak dalli

ποτά
njarameeje

νερό

ndiyam

χυμός

sii

γάλα

kosam

κόκα κόλα

Koowk

κρασί

sangara

μπίρα

sangara

αλκοόλ

alkol

κακάο

koka

τσάι

ataaya

καφές

kafe

εσπρέσο

esperesoo

καπουτσίνο

kaputsiino

μπανάνα

banaana

μήλο

pomere

πορτοκάλι

oraaŋs

πεπόνι

dende

λεμόνι

limoŋ

καρότο

karott

σκόρδο

laac

μπαμπού

bambuu

κρεμμύδι

soblere

μανιτάρι

wiiduru gaynako

ξηροί καρποί

gerte

νουντλς

kodde

μακαρόνια

espaketii

ρύζι

maaro

σαλάτα

solaat

πατατάκια

sipse

τηγανητές πατάτες

padaas pasnaaɗo

πίτσα

pissaa

χάμπουργκερ

amburgoor

σάντουιτς

sandiis

κοτολέτα

tayre

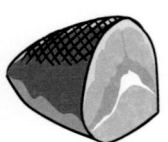

ζαμπόν

heltinde

σαλάμι

salaami

λουκάνικο

soosiis

κοτόπουλο

gertogal

ψητό

juɗe

ψάρι

liingu

χυλός βρώμης

karaw

μούσλι

miyesli

κορν φλέικς

butaali makka

αλεύρι

cafka

κρουασάν

koraasaŋ

ψωμάκι

loocol mburu

ψωμί

mburu

τοστ

mburu

μπισκότα

mbiskit

βούτυρο

boor

τυρόπηγμα

caakri

κέικ

ngato

αυγό

boofoode

τηγανητό αυγό

bofoode defaaɗo

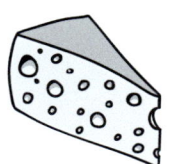

τυρί

formaas

παγωτό	ζάχαρη	μέλι
kerem galaas	suukara	njuumri

μαρμελάδα	άλλειμμα σοκολάτας	κάρυ
piire	soosde sokola	kiri

αγρόκτημα

ngesa

δεμάτι άχυρου
sufirdu
αχυρώνας
huɗo
χωράφι
boowal
αλόγο
puccu
ρυμουλκούμενο
pooɗoowo
τρακτέρ
masiŋ ndema
πουλάρι
fuuwal
γάιδαρος
mbabba
πρόβατο
njawdi
αρνί
mbortu

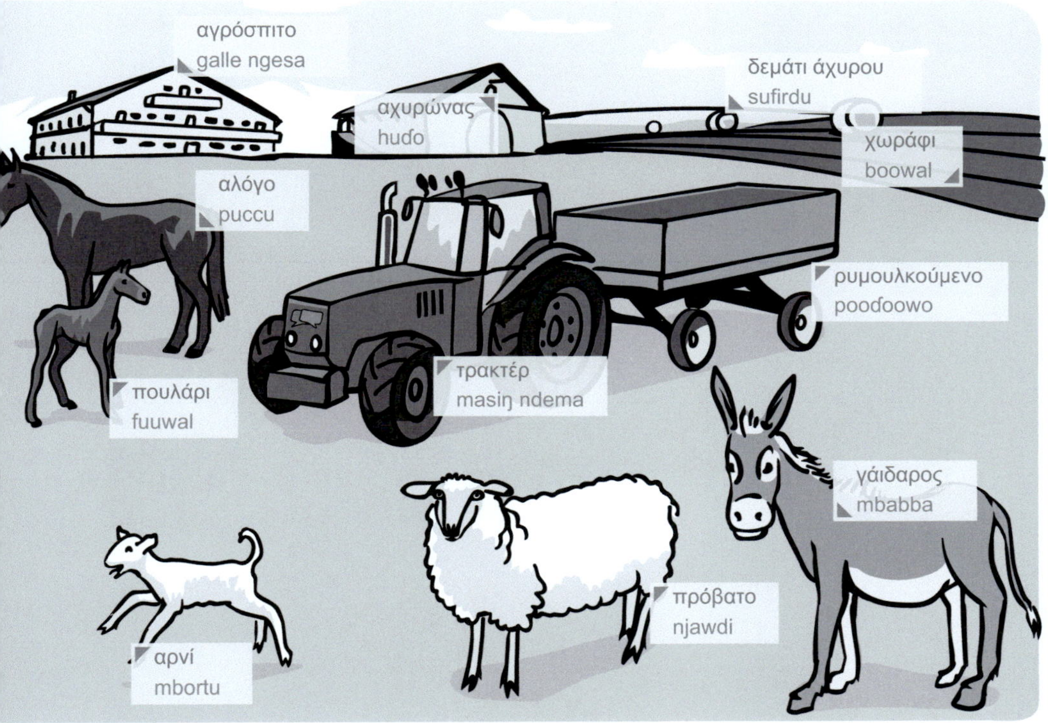

κατσίκα

ndamndi

αγελάδα

ngaari

μοσχαράκι

ñale

γουρούνι

mbaba tugal

γουρουνάκι

ɓingel tugal

ταύρος

ngaari

χήνα

jaawalal

πάπια

jaawangal

κοτοπουλάκι

gertogal

κότα

jarlal

κόκορας

ngori

αρουραίος

doombru

γάτα

ulluundu

ποντίκι

dombru

βόδι

ngaari

σκύλος

rawaandu

σπιτάκι σκύλου

suudu rawaandu

λάστιχο κήπου

lekki werte

ποτιστήρι

bitel ndiyam

θεριστήρι

jalo

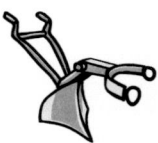

αλέτρι

jabbude

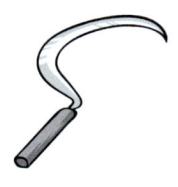

δρεπάνι

wafdu

τσάπα

caga

δίκρανο

furset yettirɗo

τσεκούρι

jambere

χειράμαξα

burwett

ταΐστρα

jardugal

δοχείο γάλακτος

bitel kosam

σάκος

bonnude

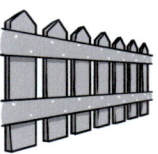

φράχτης

heerorde

στάβλος

dari

θερμοκήπιο

resofmaaŋ

έδαφος

leydi

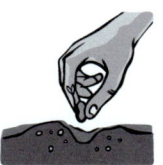

σπόρος

aawdi

λίπασμα

engere

θεριζοαλωνιστική μηχανή

rendin coñoowo

θερίζω

soñ

συγκομιδή

coñal

γιαμς

ñambi

σιτάρι

ndiyamiri

σόγια

soozaa

πατάτα

padaas

καλαμπόκι

makka

κράμβη

aawdi adan

οπωροφόρο δέντρο

lekki ɓesnooki

μανιόκα

kasaawa

δημητριακά

gawri

σπίτι

galle

καμινάδα
semineey
στέγη
mbildi
υδρορροή
wuddere nawirde
παράθυρο
falanteere
γκαράζ
gaaraas
κουδούνι
noddirgel dama
πόρτα
damal
σκουπιδοτενεκές
siwu mbalis
γραμματοκιβώτιο
suudu ɓataake
κήπος
sardiŋe

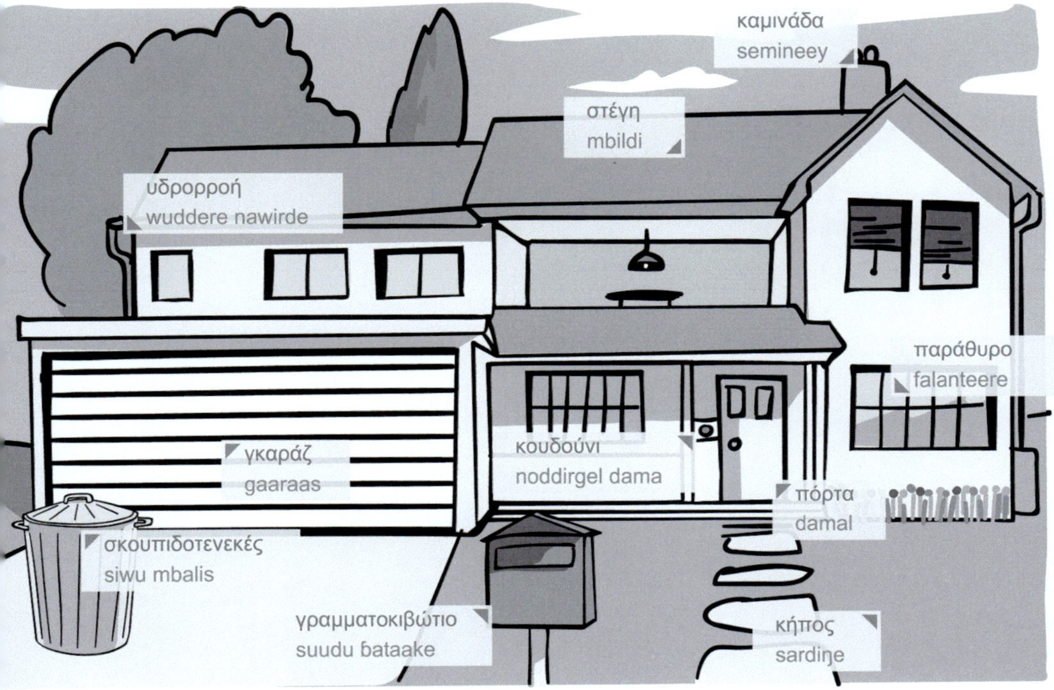

σαλόνι

saal

μπάνιο

lootorde

κουζίνα

waañ

υπνοδωμάτιο

suudu lelteendu

παιδικό δωμάτιο

suudu suka

τραπεζαρία

suudu hirtordu

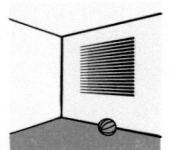

πάτωμα

leydi

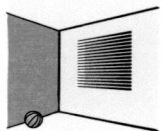

τοίχος

miir

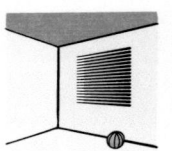

οροφή

dira

κελάρι

masiŋel

σάουνα

soona

μπαλκόνι

baļkooŋ

βεράντα

teeraas

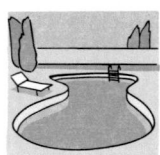

πισίνα

pisin

μηχανή του γκαζόν

tondoos

σεντόνι

kaayit

κάλυμμα κρεβατιού

mbertanteeri

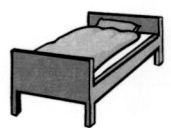

κρεβάτι

lelnde

σκούπα

pittirɗe

κουβάς

siwoo

διακόπτης

waylu

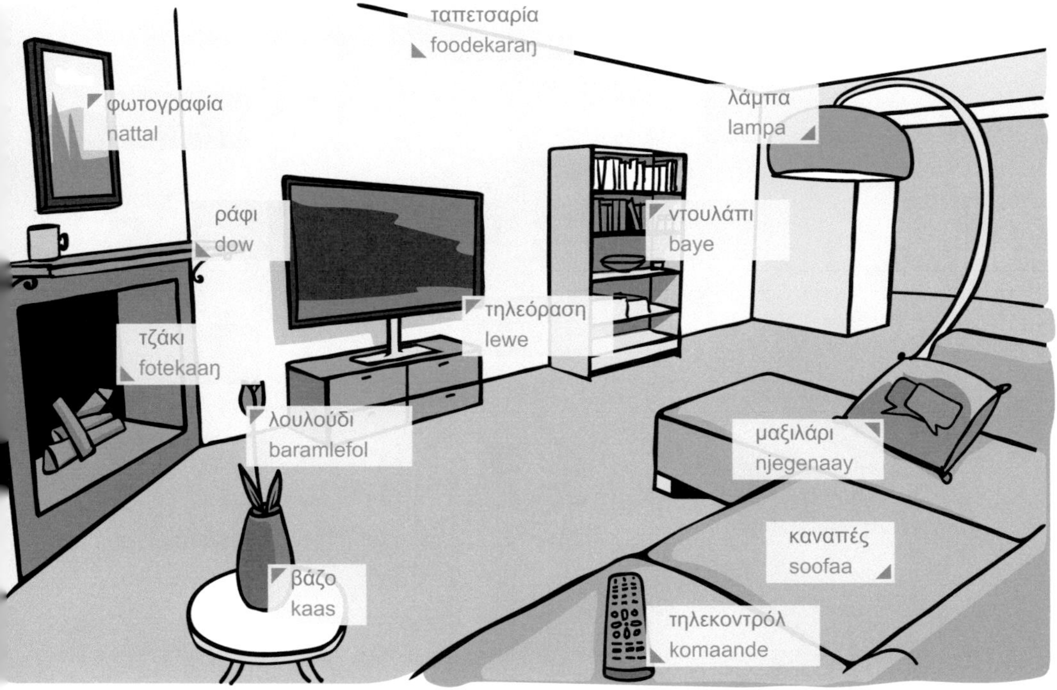

ταπετσαρία
foodekaraŋ

φωτογραφία
nattal

λάμπα
lampa

ράφι
dow

ντουλάπι
baye

τηλεόραση
lewe

τζάκι
fotekaaŋ

λουλούδι
baramlefol

μαξιλάρι
njegenaay

καναπές
soofaa

βάζο
kaas

τηλεκοντρόλ
komaande

χαλί
tappi

κουρτίνα
rido

τραπέζι
taabal

καρέκλα
jooɗorde

κουνιστή πολυθρόνα
jooɗorde timmunde

πολυθρόνα
tuggorde

βιβλίο

deftere

κουβέρτα

suddaare

διακόσμηση

cinki

καυσόξυλα

docotal

ταινία

filmo

στερεοφωνικό σύστημα

kuutorɗe hi-fi

κλειδί

caabi

εφημερίδα

jaaynde

πίνακας ζωγραφικής

pentiirde

αφίσα

posteer

ραδιόφωνο

haalirde

σημειωματάριο

deftel mooftirgel

ηλεκτρική σκούπα

ŋabbude

κάκτος

siwo lekki

κερί

sondel

κουζίνα

waañ

ψυγείο
firigo
φούρνος μικροκυμάτων
defirdu mikoronde
ζυγαριά κουζίνας
bacce waañ
τοστιέρα
baɗoowo towste
απορρυπαντικό
labbinoowo
φούρνος
waañ
κατάψυξη
ɓuuɓnirde
σκουπιδοτενεκές
siwu mbalis
πλυντήριο πιάτων
lawÿoowo kaake

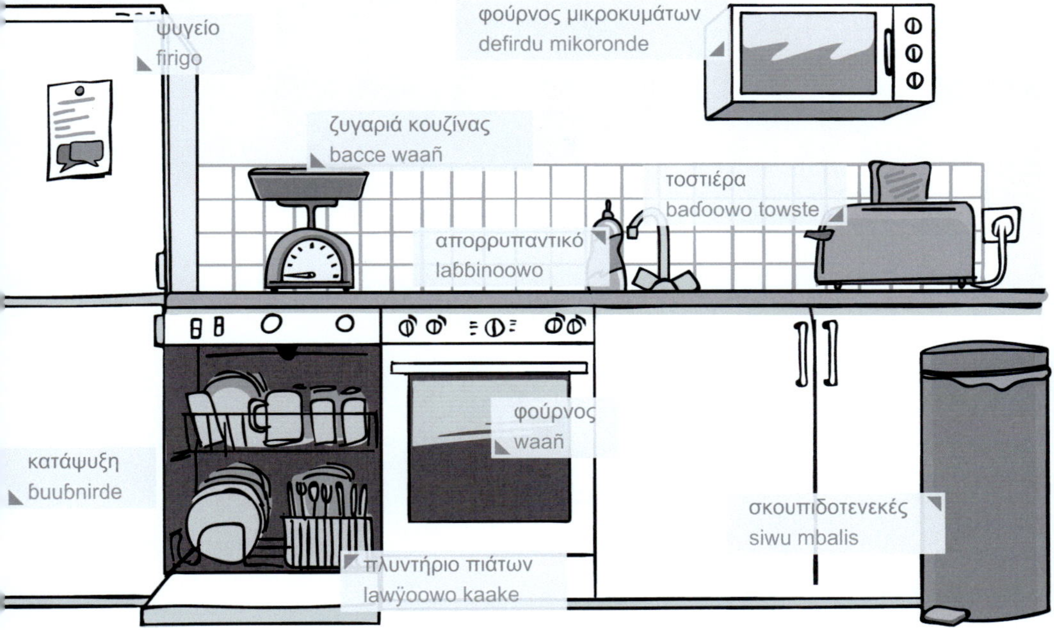

κουζίνα

defoowo

κατσαρόλα

pot

μαντεμένια κατσαρόλα

pot baɗɗo njamdi

γουόκ/καντάι

lehel

τηγάνι

lahal

βραστήρας

baraade

κουζίνα - waañ 35

ατμομάγειρας

gulnoowo

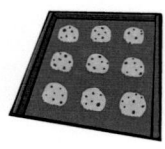

ταψί

fuur cumirɗo

πιατικά

wiisirde

κούπα

kaas

μπολ

taasa

ξυλάκια

bakett

κουτάλα

heɗirde

σπάτουλα

kuundal

ανακατεύω

burgal

σουρωτήρι

gulnirɗo

σουρωτηράκι

pool

τρίφτης

koosoowo

γουδί

wowru

ψησταριά

njuɗu

ανοιχτή φωτιά

lewlewndu

σανίδα κοπής

alluwal tayirgal

πλάστης

dullirgal

ανοιχτήρι φελλών

tenaay

κονσέρβα

potyel

ανοιχτήρι κονσέρβας

udditirɗo potyel

γάντι φούρνου

jaggoowo pot

νεροχύτης

lawÿirde

βούρτσα

borisde

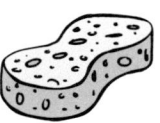

σφουγγάρι

epoos

μπλέντερ

jiiɓoowo

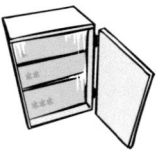

καταψύκτης

firigo juutɗo

μπιμπερό

bitel tiggu

βρύση

robine

μπάνιο
lootorde

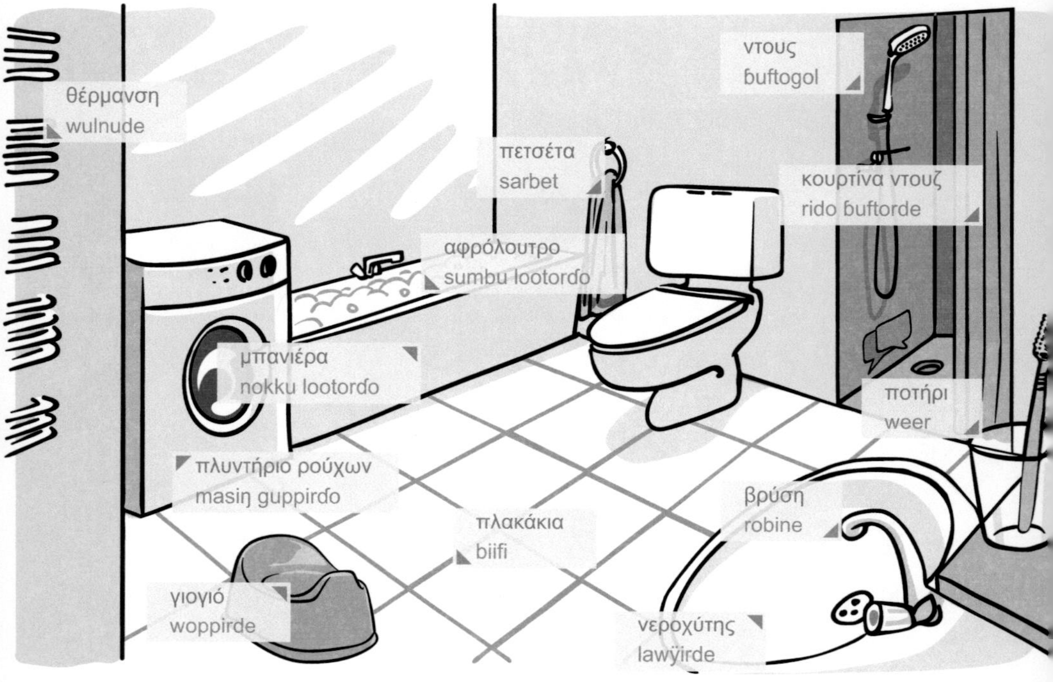

θέρμανση
wulnude

ντους
buftogol

πετσέτα
sarbet

κουρτίνα ντουζ
rido buftorde

αφρόλουτρο
sumbu lootorđo

μπανιέρα
nokku lootorđo

ποτήρι
weer

πλυντήριο ρούχων
masiŋ guppirđo

πλακάκια
biifi

βρύση
robine

γιογιό
woppirde

νεροχύτης
lawÿirde

τουαλέτα

heblorde

τούρκικη τουαλέτα

yaltirde les

μπιντές

yaltirde

ουρητήριο

soofirde

χαρτί υγείας

kaayit heblorde

πιγκάλ

boros heblorde

οδοντόβουρτσα

boros ñiiÿe

οδοντόκρεμα

pat cocorɗo

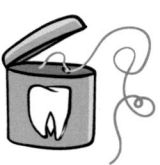

οδοντικό νήμα

cocorgal

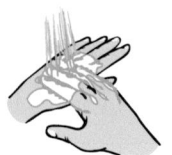

πλένω

lawyu

τηλέφωνο ντους

ɓuftorde jungo

ντουσιέρα

jampe

λεκάνη

taasa

βούρτσα πλάτης

boros keeci

σαπούνι

saabunde

αφρόλουτρο

nebam ɓuftorde

σαμπουάν

sampoye

φανέλα

lootogel

σιφόνι

yupude

κρέμα

mileen

αποσμητικό

lati

καθρέφτης

daarogal

καθρέφτης χειρός

daarogal jungo

ξυραφάκι

rasuwaar

αφρός ξυρίσματος

sumbu pemborɗo

αφτερσέιβ

lallitirde

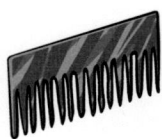

χτένα

koomu

βούρτσα

boros

σεσουάρ

yoorno hoore

λακ

uurna hoore

μακιγιάζ

makiyaas

κραγιόν

lippo

βερνίκι νυχιών

emaaye segene

βαμβάκι

wiro

ψαλίδι νυχιών

sisooje segene

άρωμα

parfooŋ

νεσεσέρ

saawdu lawyirdu

σκαμπό

kuudi

ζυγαριά

bacce ɓetirde

μπουρνούζι

wutte lootorɗo

ελαστικά γάντια

kawaseeje dalli

ταμπόν

tampooŋ

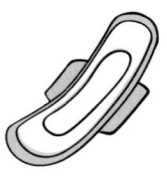

πετσέτα υγιεινής

sarbet laɓɓinoorɗo

χημική τουαλέτα

lootogol cellungol

παιδικό δωμάτιο

suudu suka

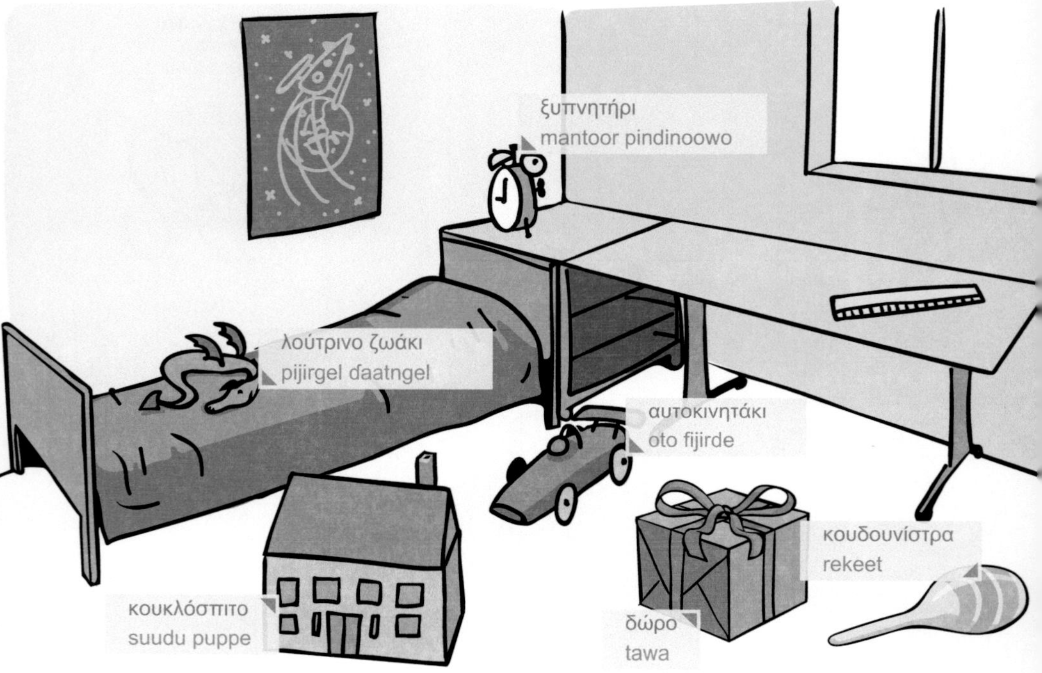

ξυπνητήρι
mantoor pindinoowo
λούτρινο ζωάκι
pijirgel ɗaatngel
αυτοκινητάκι
oto fijirde
κουδουνίστρα
rekeet
κουκλόσπιτο
δώρο
tawa

μπαλόνι

baloon

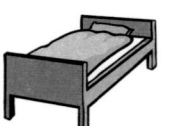

κρεβάτι

lelnde

καροτσάκι

puus puus

τράπουλα

taabal karte

παζλ

juwirgal

κόμικς

jalnii

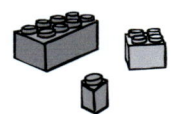

τουβλάκια lego

tuufeeje lego

τουβλάκια κατασκευών

kaaÿe maadi

φιγούρα δράσης

pijirgel suka

βρεφικό φορμάκι

wutte suka

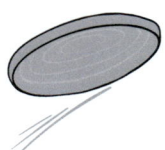

φρίσμπι

mbiifu

μόμπιλο

noddirgel

επιτραπέζιο παιχνίδι

fijirde alluwal

ζάρια

dee

σετ τρενάκι

tereŋ jahiroowo batiri

πιπίλα

ɗaayɗo

πάρτι

hiirde

εικονογραφημένο βιβλίο

deftere natte

μπάλα

bal

κούκλα

puppe

παίζω

fij

σκάμμα με άμμο

ngaska leydi

κούνια

yirlude

παιχνίδια

pijirɗe

κονσόλα βιντεοπαιχνιδιών

fijirde widoo peley

τρίκυκλο

biifi tati

αρκουδάκι

uluundu pijirgel

ντουλάπα

woliis

ρούχα
ɓoornogol

κάλτσες

kawaseeje

καλτσοδέτες

baardinirɗi

καλσόν

dogirɗi

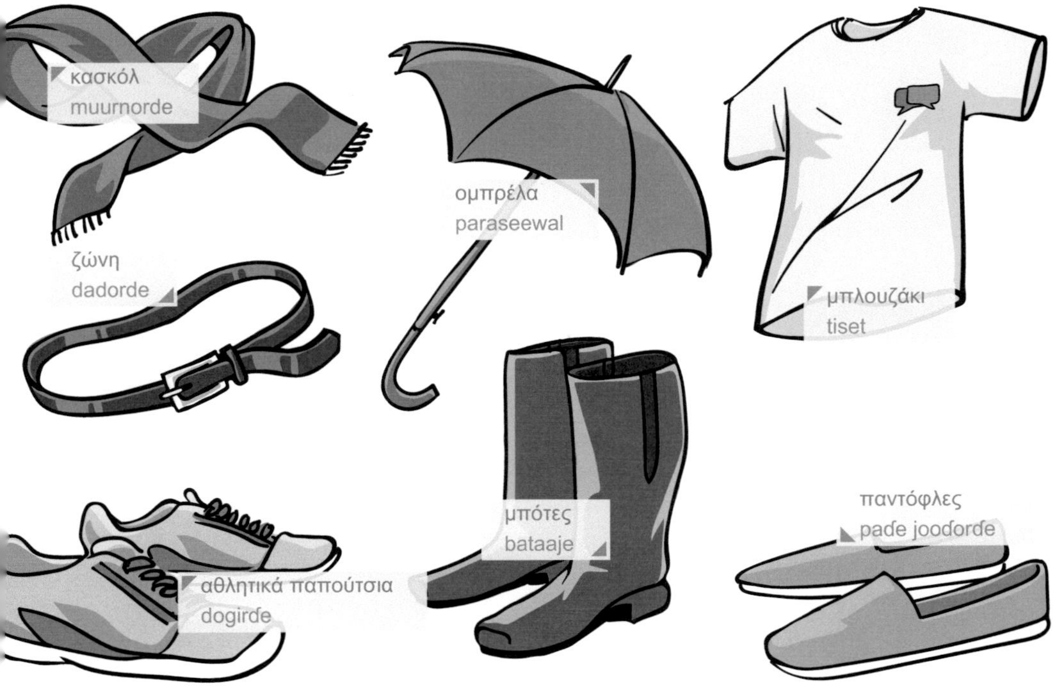

κασκόλ
muurnorde
ομπρέλα
paraseewal
ζώνη
dadorde
μπλουζάκι
tiset
μπότες
bataaje
παντόφλες
paɗe jooɗorɗe
αθλητικά παπούτσια
dogirɗe

σανδάλια

caraax

παπούτσια

paɗe

γαλότσες

bataaje dalli

εσώρουχο

cakkirɗi

σουτιέν

site ŋoos

φανέλα

weste

σώμα

ɓandu

παντελόνι

tuuba

τζιν παντελόνι

jiin

φούστα

sippu

μπλούζα

buluus

πουκάμισο

wuttel

πουλόβερ

piliweer

πουλόβερ

njallaaba

σακάκι

balaseer suka

μπουφάν

jakett

παλτό

sabandoor

αδιάβροχο πανωφόρι

wutte toɓo

κοστούμι

kossim

φόρεμα

robbo

νυφικό

wutte cuddungu

κοστούμι

cakkirɗo

νυχτικό

robbo baalduɗo

πιτζάμες

baaluɗi

σάρι

sari

μαντήλι

fiilorde

τουρμπάνι

kaala

μπούρκα

misoor

καφτάνι

haftan

μουσουλμανικό ένδυμα

abaaye

ολόσωμο μαγιό

lumborɗo

ανδρικό μαγιό

leɗɗe

σορτς

kilooti

αθλητική φόρμα

dewirɗi

ποδιά

aparooŋ

γάντια

kawase

κουμπί

nebbu

γυαλιά

lone

βραχιόλι

jawo

περιδέραιο

cakka

δαχτυλίδι

feggere

σκουλαρίκι

hootonde

καπέλο

laafa

κρεμάστρα

jaggirgal sabandoor

καπέλο

kufna

γραβάτα

karwaat

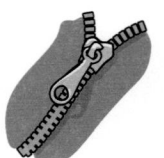

φερμουάρ

korsude

κράνος

tengaade

τιράντες

jawe

μαθητική στολή

wutte jaŋirɗo

στολή

dadorɗo

σαλιάρα

nappu suka

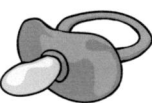

πιπίλα

ɗaayɗo

πάνα

fooftini

γραφείο
gollorde

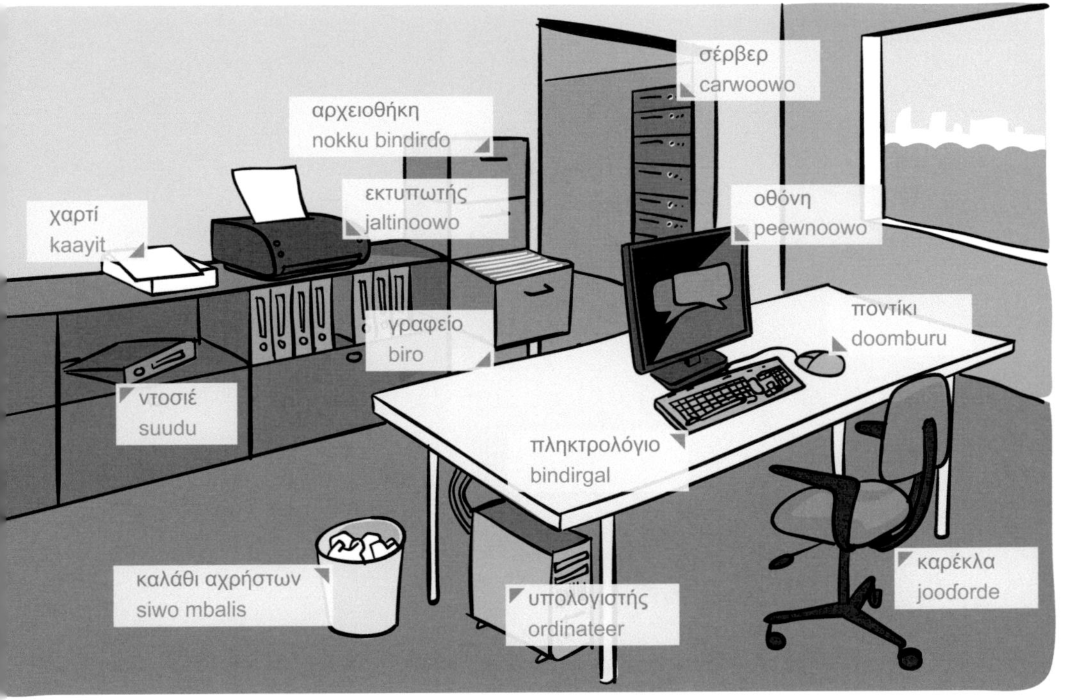

αρχειοθήκη
nokku bindirɗo

εκτυπωτής
jaltinoowo

χαρτί
kaayit

σέρβερ
carwoowo

οθόνη
peewnoowo

γραφείο
biro

ποντίκι
doomburu

ντοσιέ
suudu

πληκτρολόγιο
bindirgal

καλάθι αχρήστων
siwo mbalis

υπολογιστής
ordinateer

καρέκλα
jooɗorde

κούπα του καφέ

koppu kafe

κομπιουτεράκι

tongirde

ίντερνετ

enternet

λάπτοπ

ordinateer

γράμμα

ɓataake kaayit

μήνυμα

ɓataake

κινητό

noddirgel

δίκτυο

jokkondiral

φωτοτυπικό μηχάνημα

nandinoowo

λογισμικό

kuutorgel

τηλέφωνο

noddirgel

πρίζα

piriis

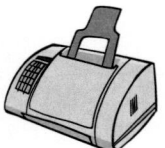

συσκευή φαξ

masiŋ faksii

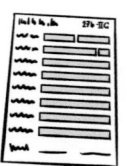

έντυπο

sifaa

έγγραφο

kaayit

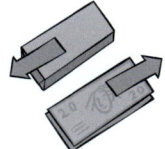

αγοράζω

sood

πληρώνω

yoɓ

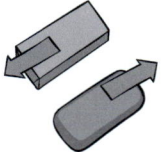

συναλλάσσομαι

yeey

χρήματα

kaalis

δολάριο

dolaar

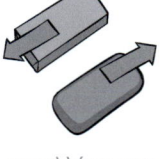

ευρώ

oro

γιεν

yeen

ρούβλι

ruubal

ελβετικό φράγκο

siiwis farayse

ρενμίνμπι γιουάν

yuwaan renminbi

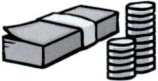

ρουπία

ruppii

ATM (αυτόματη ταμειακή μηχανή)

nokku ngalu

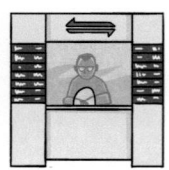

ανταλλακτήρια συναλλάγματος

nokku beccirɗo

χρυσός

kaŋe

ασήμι

kaalis

πετρέλαιο

peteroŋ

ενέργεια

doole

τιμή

coggu

συμβόλαιο

jokkondiral

φόρος

lempo

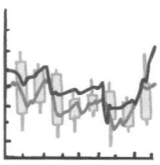

μετοχή

jeyii

δουλεύω

liggo

υπάλληλος

liggotooɗo

εργοδότης

ligginoowo

εργοστάσιο

isin

κατάστημα

yeeyirde

επαγγέλματα
golle

πυροσβέστης
kaɓoowo jeyngol
αστυνόμος
alkaati
μάγειρας
defoowo
γιατρός
cafroowo
πιλότος
dognoo ndiwooka

κηπουρός

mooftoowo

ξυλουργός

meniise

μοδίστρα

gawoowo debbo

δικαστής

ñaawoowo

χημικός

simiyanke

ηθοποιός

aktoor

οδηγός λεωφορείου

diirnoowo biis

ταξιτζής

diirnoowo taksi

ψαράς

gawoowo

καθαρίστρια

debbo pittoowo

τεχνίτης στεγών

biloowo

σερβιτόρος

carwoowo

κυνηγός

baañoowo

ζωγράφος

diidoowo

αρτοποιός

piyoo mburu

ηλεκτρολόγος

peewnoo jeyngol

οικοδόμος

mahoowo

μηχανολόγος

eseñoor

κρεοπώλης

buusee

υδραυλικός

polombiyee

ταχυδρόμος

neɗɗo posto

στρατιώτης

soldaat

αρχιτέκτονας

arsitekte

ταμίας

ngaluyanke

ανθοπώλης

leɗɗeyanke

κομμωτής

mooroowo

ελεγκτής εισιτηρίων

diirnoowo

μηχανικός

peenoowo jamɗe

καπετάνιος

gardiiɗo

οδοντίατρος

safroowo ñiiÿe

επιστήμονας

gando

ραβίνος

babbiin

ιμάμης

almaami

μοναχός

muwaan

ιερέας

neɗɗo alla

εργαλεία
kuutorɗe

σφυρί
maartoo
πένσα
kofooje
κατσαβίδι
tuurnawiis
Γαλλικό κλειδί
tayoowo
φακός
torsoo

εκσκαφέας

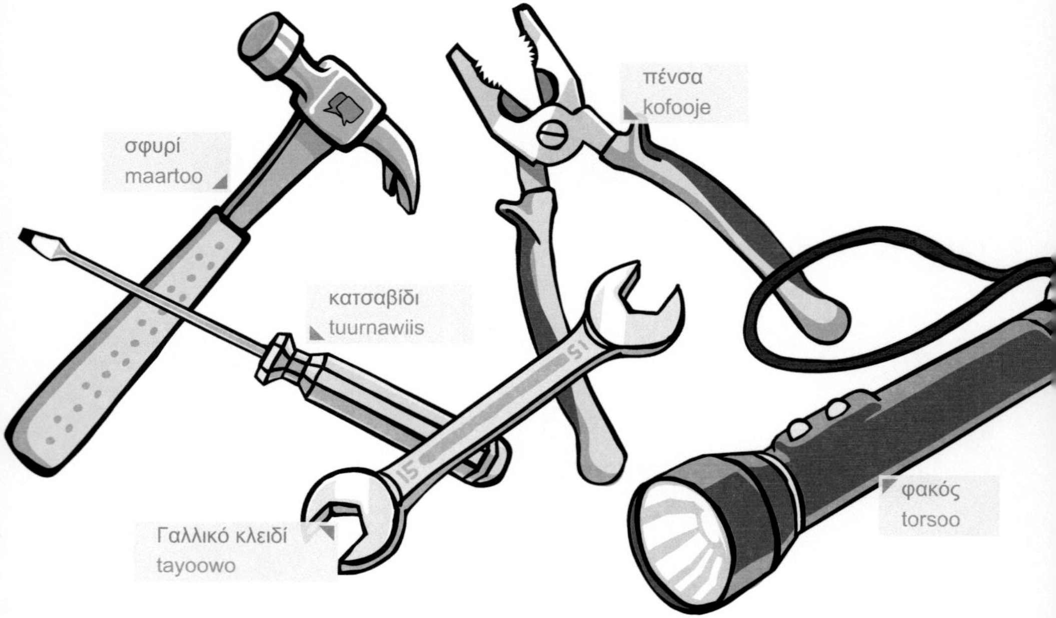

ngasirdi

εργαλειοθήκη

suudu kuutorɗe

σκάλα

seel

πριόνι

siiy

καρφιά

pontooje

τρυπάνι

yuwirde

επισκευάζω
feewnit

φτυάρι
nokkirde

Να πάρει!
sooot

φαράσι
peel

δοχείο χρωμάτων
pot diidirɗo

βίδες
wiisuuji

μουσικά όργανα
pijirɗe

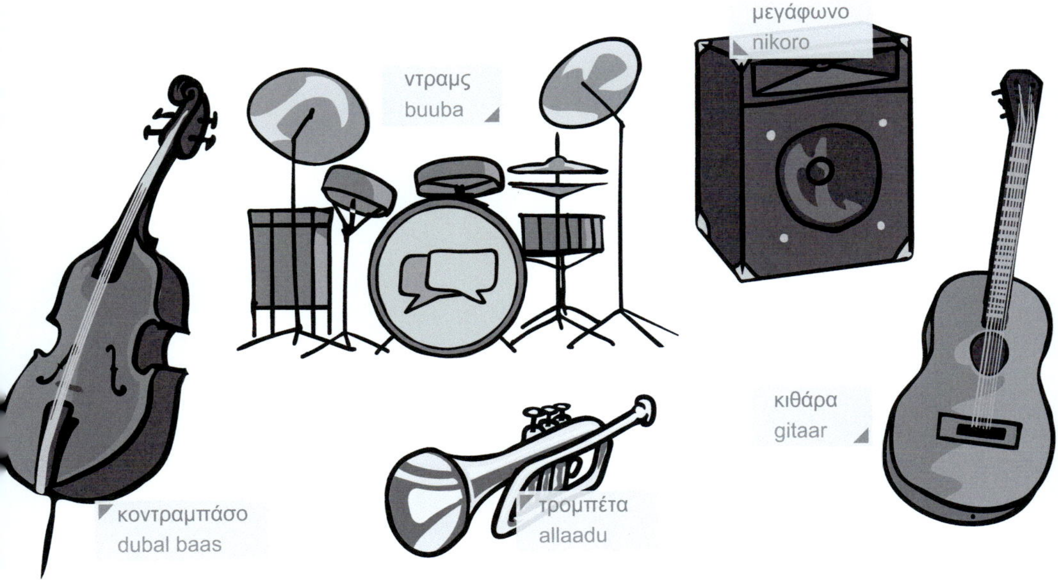

μεγάφωνο
nikoro

ντραμς
buuba

κοντραμπάσο
dubal baas

τρομπέτα
allaadu

κιθάρα
gitaar

πιάνο

piyaano

βιολί

ñaañooru

μπάσο

baas

τύμπανα

timpaan

τύμπανο

bawɗi

πλήκτρα

bindirgal

σαξόφωνο

saksofooŋ

φλάουτο

coolumbel

μικρόφωνο

haaldude

ζωολογικός κήπος
nehirde kulle

είσοδος
naatirde
τίγρης
cewngu
κλουβί
sabbunde
ζέβρα
mbabba ladde
ζωοτροφή
πάντα
pandaa

ζώα

kulle

ελέφαντας

ñiiwa

καγκουρό

kanguruu

ρινόκερος

liwoongu

γορίλας

waandu

αρκούδα

fowru

καμήλα

ngelooba

στρουθοκάμηλος

jaawagal

λιοντάρι

mbaroodi

πίθηκος

golo

φλαμίνγκο

ñaarpural

παπαγάλος

seku

πολική αρκούδα

fowru nees

πιγκουίνος

peŋwee

καρχαρίας

reke

παγώνι

ngoriyal

φίδι

mboddi

κροκόδειλος

nooro

φύλακας ζωολογικού κήπου

deenoowo kulle

φώκια

liingu

τζάγκουαρ

cewngu

πόνυ

molel puccu

λεοπάρδαλη

cewlu

ιπποπόταμος

ngabu

καμηλοπάρδαλη

ñamala

αετός

ciilal

αγριογούρουνο

fowru

ψάρι

liingu

χελώνα

heende

θαλάσσιος ίππος

morsee

αλεπού

daga

γαζέλα

lella

αθλήματα

cofte balli

fugu koyngel Amarik
ποδηλασία
welo
αντισφαίριση
teniis
μπάσκετ
basket
κολύμβηση
lumbaade
χόκεϋ επί πάγου
okey e galaas
πυγχαμία
bokse

ποδόσφαιρο

fugu koyngel

μπάντμιντον

badminton

στίβος

dogduuji

χάντμπολ

fugu jungo

σκι

eskiiy

πόλο

polo

δραστηριότητες
golle

γελάω
jal

πηδάω
diw

αγκαλιάζω
uurno

περπατάω
yah

τραγουδάω
yim

ονειρεύομαι
hoyɗu

προσεύχομαι
juul

φιλάω
ɓuuco

γράφω	σχεδιάζω	δείχνω
windu	diid	hollu

πιέζω	δίνω	παίρνω
duñ	rokku	naw

έχω	κάνω	είμαι
jogo	waɗ	won

στέκομαι	τρέχω	τραβάω
daro	dog	ittu

ρίχνω	πέφτω	ξαπλώνω
weddo	yan	fen

περιμένω	κουβαλώ	κάθομαι
fad	naw	jooɗo

φοράω	κοιμάμαι	ξυπνάω
ɓoorno	ɗaano	finn

δραστηριότητες - golle

κοιτάω

ndaar

κλαίω

woy

χαϊδεύω

fiiy

χτενίζω

koomu

μιλάω

haal

καταλαβαίνω

faam

ρωτάω

naamdo

ακούω

hetto

πίνω

yar

τρώω

ñaam

συγυρίζω

haɓɓu

αγαπάω

yiɗ

μαγειρεύω

def

οδηγώ

diirnu

πετάω

diw

κάνω ιστιοπλοΐα

awyu

υπολογίζω

lim

διαβάζω

jangu

μαθαίνω

jangu

δουλεύω

liggo

παντρεύομαι

res

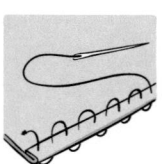

ράβω

aaw

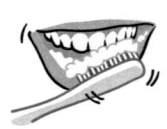

βουρτσίζω τα δόντια

boris ñiiÿe

σκοτώνω

war

καπνίζω

simmo

στέλνω

neldu

οικογένεια

ɓesngu

ά
iraaɗo debbo
παππούς
taaniraaɗo gorko
πατέρας
baaba
μητέρα
yumma
μωρό
tiggu
κόρη
ɓiɗɗo debbo
γιος
ɓiɗɗo gorko

καλεσμένος

koɗo

θεία

gogo

θείος

kaawiraaɗo

αδελφός

mawniraaɗo gorko

αδελφή

mawniraaɗo debbo

σώμα

ɓandu

μέτωπο
tiinde
μάτι
yitere
ώμος
walabo
δάχτυλο
feɗeendu
πρόσωπο
yeeso
πιγούνι
waare
χέρι
jungo
πόδι
korlal
στήθος
endu
βραχίονας
jungo

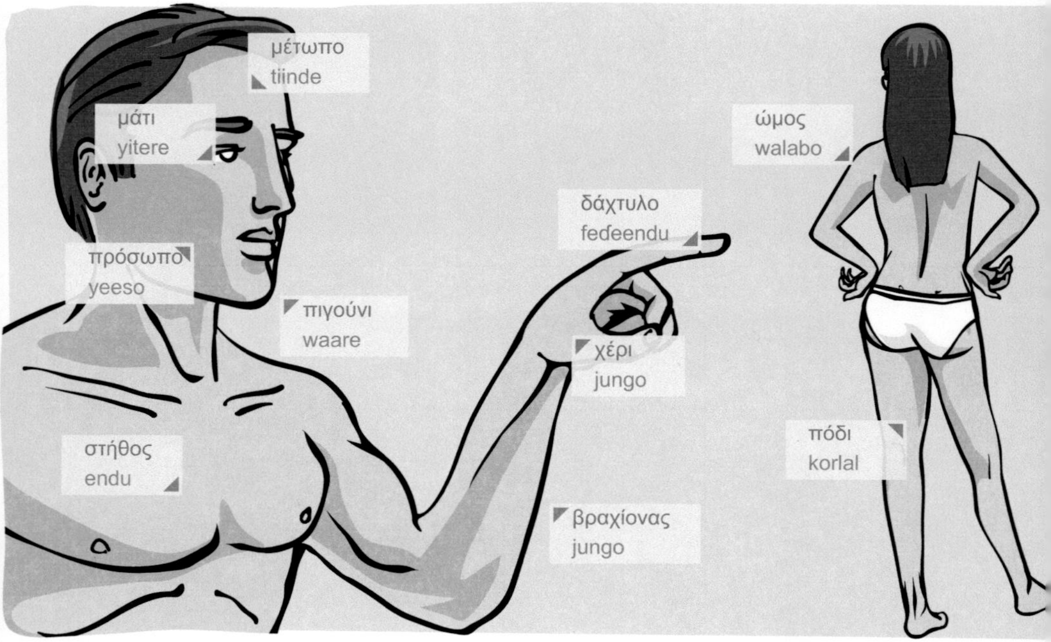

μωρό

tiggu

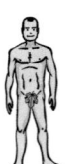

άνδρας

gorko

γυναίκα

debbo

κορίτσι

debbo

αγόρι

gorko

κεφάλι

hoore

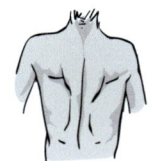

πλάτη

keeci

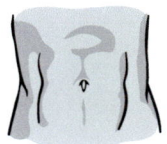

κοιλιά

reedu

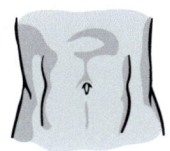

αφαλός

wudduru

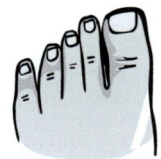

δάχτυλο ποδιού

feɗeendu

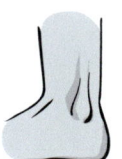

φτέρνα

njaaɓordi

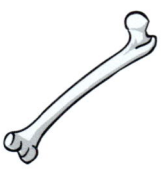

κόκκαλο

ÿiyal

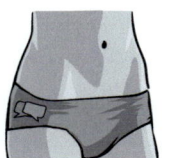

γοφός

buhal

γόνατο

hofru

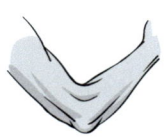

αγκώνας

fooŋturu

μύτη

hinere

γλουτός

gaɗa

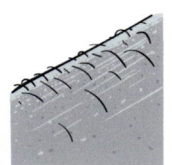

δέρμα

nguru

μάγουλο

abbuko

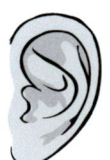

αυτί

nofru

χείλος

tondu

στόμα

hunuko

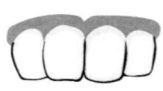

δόντι

ñiire

γλώσσα

ɗemngal

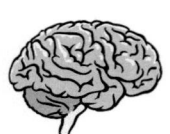

εγκέφαλος

ngaandi

καρδιά

ɓernde

μυς

ÿiye

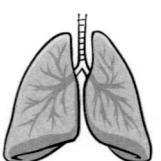

πνεύμονας

jofe

συκώτι

heeñere

στομάχι

kuuse

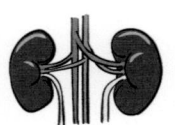

νεφρά

booÿe

σεξουαλική επαφή

leldaade

προφυλακτικό

kawasal

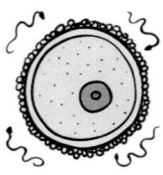

ωάριο

ɓoccoonde

σπέρμα

maniiyu

εγκυμοσύνη

cowagol

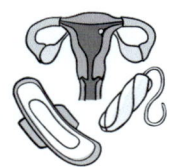

περίοδος

ella

γυναικείος κόλπος

kottu

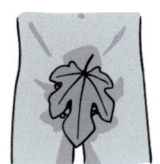

πέος

soolde

φρύδι

leeɓol yitere

μαλλιά

sukundu

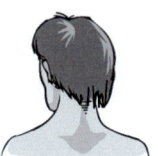

λαιμός

daande

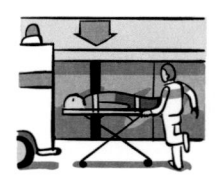

νοσοκομείο
safrirdu

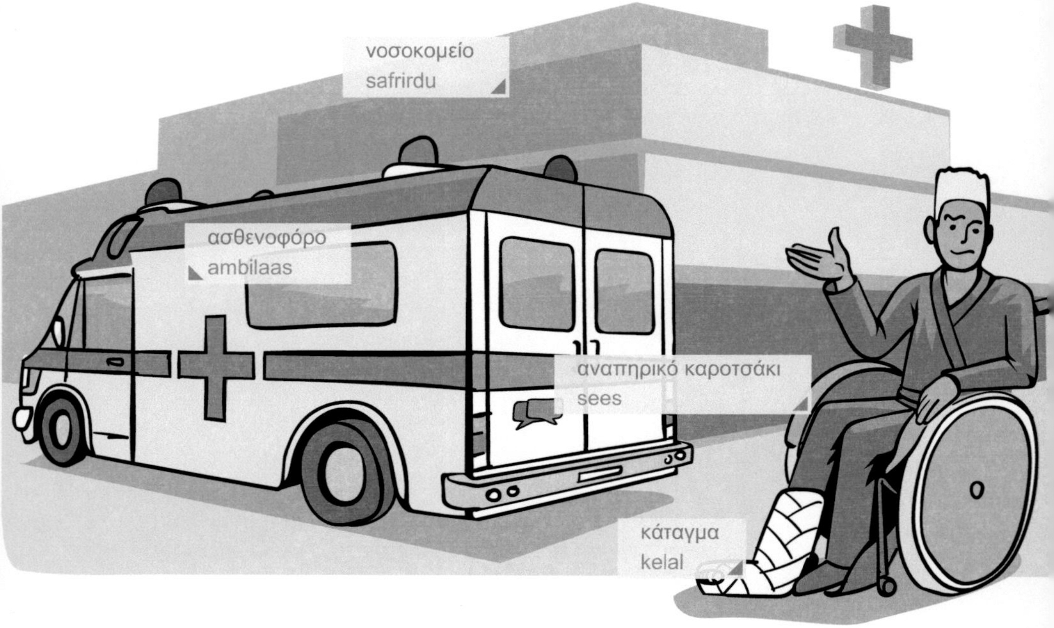

νοσοκομείο
safrirdu
ασθενοφόρο
ambilaas
αναπηρικό καροτσάκι
sees
κάταγμα
kelal

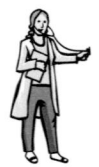

γιατρός
cafroowo

μονάδα εντατικής θεραπείας
suudu heñaare

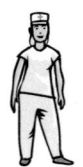

νοσοκόμα
debbo cafroowo

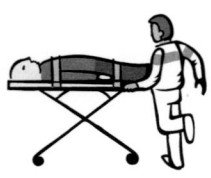

έκτακτη ανάγκη
heñorde

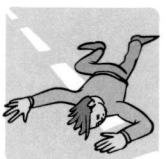

λιπόθυμος
wondaane hakkile

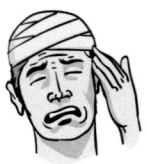

πόνος
muuseeki

τραύμα

gaañande

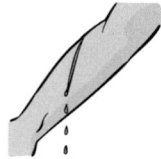

αιμορραγία

tuɗde ÿiiÿam

έμφραγμα

muuseeki ɓernde

εγκεφαλικό

piigol

αλλεργία

nefo

βήχας

ɗojjude

πυρετός

ɓandu wulooru

γρίπη

pali

διάρροια

ndogu reedu

πονοκέφαλος

hoore muusoore

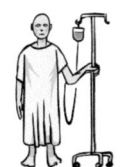

καρκίνος

kaaseer

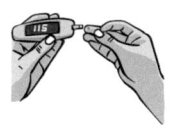

διαβήτης

jabett

χειρουργός

oppiroowo

νυστέρι

jaggirdi

εγχείρηση

oppeere

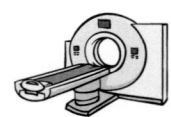

αξονική τομογραφία

CT

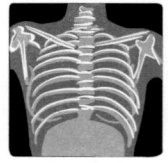

ακτινογραφία

buuɗi x

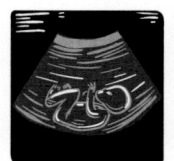

υπέρηχος

iltarasooŋ

μάσκα

huurirdu yeeso

ασθένεια

rafi

αίθουσα αναμονής

heblorde

πατερίτσα

beeke

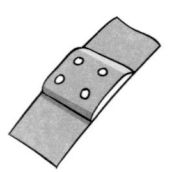

χάνσαπλαστ

tabak

επίδεσμος

bandaas

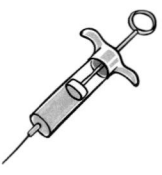

ένεση

pinggu

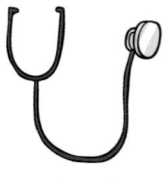

στηθοσκόπιο

estetoskop

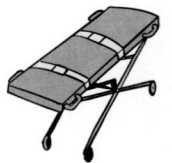

φορείο

pooɗoowo

θερμόμετρο

termomeeter safrirdu

γέννηση

jibinande

υπέρβαρο

ɓuttiɗgol

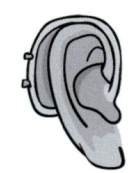

ακουστικό βαρηκοΐας

ballal nanirɗe

αντισηπτικό

labbinoowo

λοίμωξη

raaɓo

ιός

wiriis

HIV/AIDS

SIDAA

φάρμακο

lekki

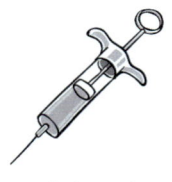

εμβολιασμός

ñakko

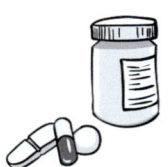

δισκία

poɗɗe

χάπι

foɗɗere

κλήση έκτακτης ανάγκης

noddaango heñiingo

πιεσόμετρο αίματος

ÿeewtorde yaadu ÿiiyam

άρρωστος / υγιής

faawŋi / selli

έκτακτη ανάγκη

heñorde

Βοήθεια!

Ballal

συναγερμός

pindinoowo

βιαιοπραγία

njangu

επίθεση

raaŋande

κίνδυνος

boomre

έξοδος κινδύνου

yaltirde yaawnde

Φωτιά!

Jeyngol

πυροσβεστήρας

ñifoowo jeyngol

ατύχημα

aksida

κουτί πρώτων βοηθειών

saawdu safaara gadano

SOS

SOS

αστυνομία

poliis

Γη
Leydi

Ευρώπη

Orop

Βόρεια Αμερική

Amarik Rewo

Νότια Αμερική

Amarik Worgo

Αφρική

Afirik

Ασία

Aasi

Αυστραλία

Ostaraali

Ατλαντικός Ωκεανός

Atalantik

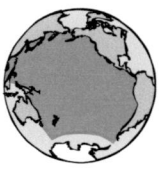

Ειρηνικός Ωκεανός

Pasifik

Ινδικός Ωκεανός

Maayo Endo

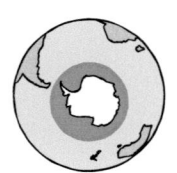

Ανταρκτικός Ωκεανός

Maayo Antarkatik

Αρκτικός Ωκεανός

Maayo Arkatik

Βόρειος Πόλος

Baŋe Rewo

Νότιος Πόλος

Baŋe Worgo

Ανταρκτική

Antarkatik

Γη

Leydi

γη

leydi

θάλασσα

maayo

νησί

siire

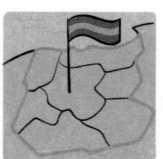

έθνος

wuro

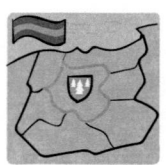

πολιτεία

laamu

ρολόι
waktu

καντράν ρολογιού

yeeso waktu

ωροδείκτης

jungo waktu

λεπτοδείκτης

jungo hojoma

δείκτης δευτερολέπτων

jungo majaango

Τι ώρα είναι;

hol waktu?

ημέρα

ñalawma

χρόνος

saha

τώρα

jooni

ψηφιακό ρολόι

mantoor nattoowo

λεπτό

hojoma

ώρα

waktu

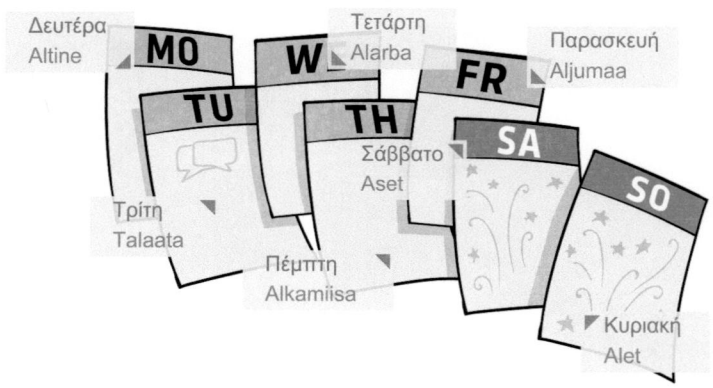

εβδομάδα

yontere

MO
TU
W
TH
FR
SA
SO
Δευτέρα
Altine
Τρίτη
Talaata
Τετάρτη
Alarba
Πέμπτη
Alkamiisa
Παρασκευή
Aljumaa
Σάββατο
Aset
Κυριακή
Alet

χθες

hanki

σήμερα

hande

αύριο

jango

πρωί

subaka

μεσημέρι

ñalawma

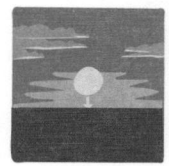

βράδυ

kikiiɗe

εργάσιμες ημέρες

biir

Σαββατοκύριακο

ñalɗi

βροχή
toɓo

ουράνιο τόξο
timtimol

χιόνι
nees

άνεμος
hendu

άνοιξη
demminaare

φθινόπωρο
ndunngu

καλοκαίρι
ceeɗu

χειμώνας
dabbunde

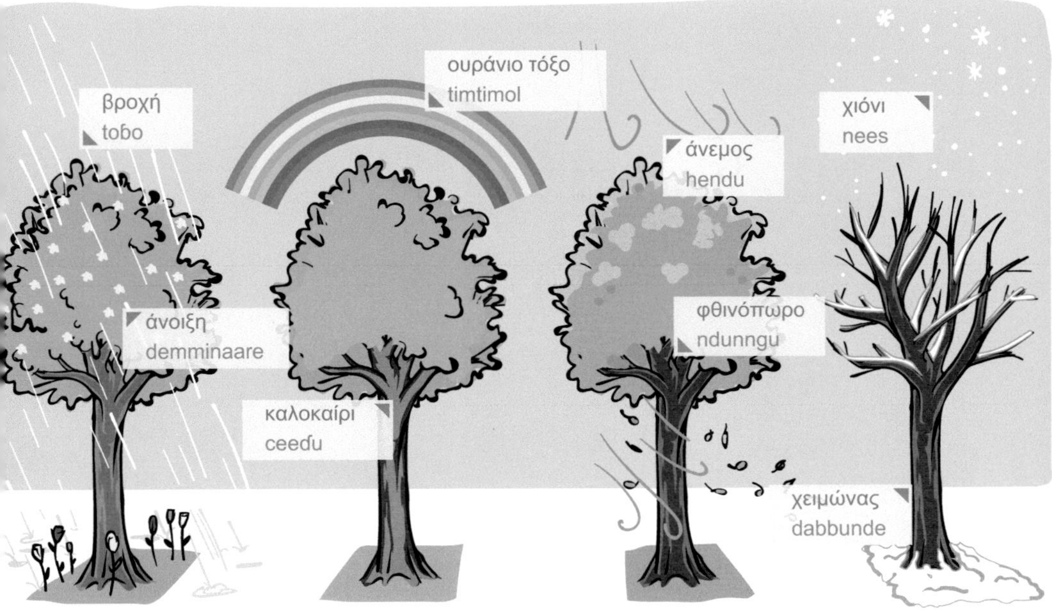

πρόγνωση καιρού

kabaaru weeyo

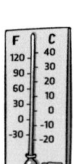

θερμόμετρο

termomeeter

λιακάδα

naaŋini

σύννεφο

ruulde

ομίχλη

cuurki

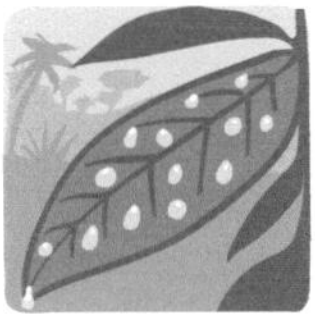

υγρασία

uddeende

αστραπή

majje

κεραυνός

gidaango

καταιγίδα

hendu

χαλάζι

huɗɗni

μουσώνας

ruulɗini

πλημμύρα

waame

πάγος

nees

Ιανουάριος

Siilo

Φεβρουάριος

Colte

Μάρτιος

Mbooy

Απρίλιος

Seeɗto

Μάιος

Duuyal

Ιούνιος

Korse

Ιούλιος

Morse

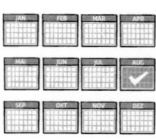

Αύγουστος

Juko

82 έτος - hitaande

Σεπτέμβριος

Siilto

Οκτώβριος

Yarkoma

Νοέμβριος

Jolal

Δεκέμβριος

Bowte

σχήματα
ɓalli

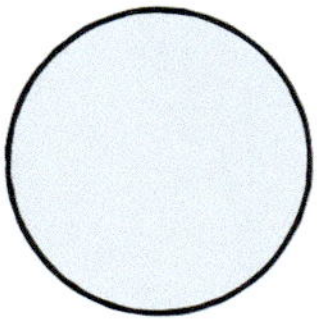

κύκλος

taarto

τετράγωνο

yaajeendi

ορθογώνιο
παραλληλόγραμμο
yaajo

τρίγωνο

saraandi

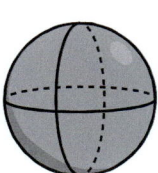

σφαίρα

mbiifu

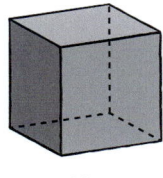

κύβος

kiibb

χρώματα
sifaaji

άσπρο

daneejo

κίτρινο

oolo

πορτοκαλί

oraas

ροζ

roos

κόκκινο

boɗeejo

μωβ

mboongu

μπλε

bulaajo

πράσινο

werte

καφέ

cooyo

γκρι

puro

μαύρο

ɓaleejo

αντίθετα

ceeri

πολύ / λίγο

heewi / seeɗa

θυμωμένος / ήρεμος

seki / deeyi

όμορφος / άσχημος

yooɗi / soofi

αρχή / τέλος

fuuɗorde / gasirde

μεγάλος / μικρός

mawɗo / tokooso

φωτεινός / σκοτεινός

leeri / niɓɓiɗi

αδελφός / αδελφή

maniraaɗo / miñiraaɗo

καθαρός / λερωμένος

laaɓi / tunwi

πλήρης / ατελής

timmi / manki

ημέρα / νύχτα

ñalawma / jamma

νεκρός / ζωντανός

maayi / wuuri

φαρδύς / στενός

yaaji / faaɗi

βρώσιμος / μη βρώσιμος

nano / nanotaako

κακός / ευγενικός

boni / moÿÿi

ενθουσιασμένος / βαριεστημένος

softi / yoomi

παχύς / λεπτός

ɓuttiɗi / sewi

πρώτος / τελευταίος

adi / wattindi

φίλος / εχθρός

sehil / gaño

γεμάτος / άδειος

heewi / ɓolɗi

σκληρός / μαλακός

muusi / weeɓi

βαρύς / ελαφρύς

teddi / hoyi

πείνα / δίψα

heege / ɗomka

άρρωστος / υγιής

faawŋi / selli

παράνομος / νόμιμος

wona laawol / laawol

έξυπνος / χαζός

feerti / muddiɗi

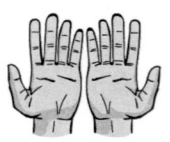

αριστερός / δεξιός

nano / ñaamo

κοντινός / μακρινός

ɓatti / woɗɗi

86 αντίθετα - ceeri

καινούριος /
μεταχειρισμένος

keso / kiiɗɗo

τίποτα / κάτι

ndiga / huunde

γέρος | νέος

nayeejo / suka

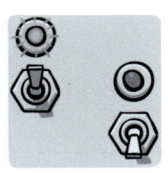

αναμμένος / σβηστός

huɓɓi / ñifii

ανοιχτός / κλειστός

uditi / uddii

χαμηλόφωνος /
μεγαλόφωνος
deeyi / dille

πλούσιος / φτωχός

alɗi / waasi

σωστός / λανθασμένος

goonga / fenaande

τραχύς / λείος

tiiɗi / nooyi

λυπημένος / χαρούμενος

metti / weli

κοντός / μακρύς

raɓɓiɗi / juuti

αργός / γρήγορος

leeli / yaawi

υγρός / στεγνός

leppi / yoori

ζεστός / δροσερός

wuli / ɓuuɓi

πόλεμος / ειρήνη

hare / jam

αριθμοί

pinɗe

0	1	2
μηδέν	ένα	δύο
ndiga	gooto	ɗiɗi
3	4	5
τρία	τέσσερα	πέντε
tati	nay	joy
6	7	8
έξι	εφτά	οκτώ
jeegom	jeeɗiɗi	jeetati
9	10	11
εννιά	δέκα	έντεκα
jeenay	sappo	sappoy goo

12

δώδεκα

sappoy ɗiɗi

13

δεκατρία

sappoy tati

14

δεκατέσσερα

sappoy nay

15

δεκαπέντε

sappoy joy

16

δεκαέξι

sappoy jeegom

17

δεκαεφτά

sappoy jeeɗiɗi

18

δεκαοκτώ

sappoy jeetati

19

δεκαεννέα

sappoy jeenay

20

είκοσι

noogaas

100

εκατό

teemedere

1.000

χίλια

ujunere

1.000.000

εκατομμύριο

miliyooŋ

γλώσσες
ɗemɗe

Αγγλικά

Aŋale

Αμερικάνικα Αγγλικά

Aŋale Amarik

Μανδαρίνικα Κινέζικα

Mandare Siinaaɓe

Χίντι

Hindi

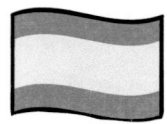

Ισπανικά

Españool

Γαλλικά

Farayse

Αραβικά

Arab

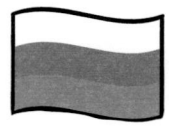

Ρώσικα

Riis

Πορτογαλικά

Portigees

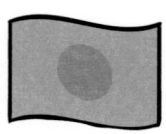

Μπενγκάλι

Bengali

Γερμανικά

Almaa

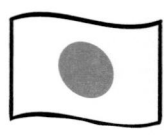

Ιαπωνικά

Sapponee

ποιος / τι / πως
holoon / holɗuum / holnoon

εγώ

miin

εσύ

an

αυτός / αυτή / αυτό

kanko / kanko / kanum

εμείς

minen

εσείς

onon

αυτοί / αυτές / αυτά

kamɓe

ποιος / ποια / ποιο;

holoon?

τι;

holɗuum?

πώς;

holnoon?

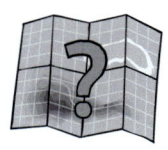

πού;

holtoon?

πότε;

mande?

όνομα

inde

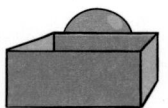

που

holtoon

πίσω

caggal

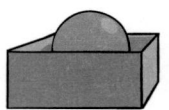

μέσα

nder

μπροστά

sawndo

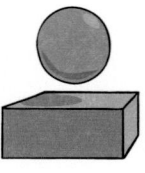

πάνω από

dow

πάνω

e

κάτω

les

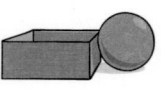

δίπλα

sara

ανάμεσα

hakkunde

μέρος

nokku